아저씨 누구세요?

꿈터 어린이 38

아저씨 누구세요?

이초아 글·장정오 그림

차례

친절한 아저씨   7

살려 주세요!   19

아저씨의 비밀   32

집으로   50

사라진 아저씨의 아들   62

다시 제자리로   78

절대 따라가면 안 돼!   87

작가의 말   98

친절한 아저씨

"오늘 중요한 회의가 있어서 서둘러야 해. 혼자 갈 수 있지? 늦지 않도록 하고. 알았지? 미안하지만 엄마가 회의 중에는 신경 쓸 수 없어. 전화 연락도 어려울 거야."

엄마는 몇 번이나 말하고 집을 나섰어요. 엄마를 따라 학교에 가기에는 다른 날보다 두 시간 이른 시간이라서 망설여졌어요. 나는 그냥 방으로 들어와 침대에 누웠어요.

그게 문제였어요. 잠깐만 누워 있으려고 했는데 그만

깜빡 잠이 들었지 뭐예요.

"안 돼!"

나는 눈을 뜨자마자 급하게 달려 나갔어요. 양말 한 짝은 신지도 못한 채 말이에요. 엘리베이터 숫자가 벌써 내려가고 있었어요.

"이원석! 오늘도 지각이군. 반성문 써야겠어."

선생님이 성난 황소처럼 화를 내며 혼내는 모습이 떠올랐어요.

반성문을 쓰고 엄마 사인을 받아 올 생각을 하니 절로 고개가 저어졌어요. 차라리 결석을 해 버릴까 싶었어요. 그러면 지각은 안 하니까 반성문을 안 써도 되잖아요. 엄마 사인을 받아 갈 일도 없고 말이에요. 하지만 안 될 것 같았어요. 결석을 하면 선생님이 엄마한테 전화를 할 테니까요. 그러면 아마 엄마는 회사 일도 못하고 당장 달려올 거예요.

결국 난 학교에 가기로 했어요. 하지만 반성문을 써도 덜 억울하도록 아주 천천히 걸었어요. 손에 들고 있던 양말 한 짝을 점퍼 주머니에 쑤셔 넣었어요. 바지 주머니에 손을 넣어 보니 오백 원짜리 동전 두 개가 잡혔어요.

'과자 사 먹어야지.'

학교 앞 문방구에서 눈길을 끌던 과자가 떠올랐어요. 과자 사 먹을 생각을 하니 갑자기 기분이 좋아졌지요. 가방도 가볍게 느껴졌고요.

아파트 화단을 지나서 횡단보도 앞에 섰어요. 교통안전 도우미 아주머니들이 안 보였어요. 늦어도 엄청 늦은 듯했어요. 신호등 앞에 서서 주변을 두리번거렸어요. 가방을 멘 아이들은 아무도 보이지 않았어요.

횡단보도를 거북이걸음으로 느릿느릿 걷고 있었어요. 신호등의 초록색 불이 깜빡깜빡거렸죠. 신호가 바뀔까 봐 쌩하니 뛰었어요. 학교 정문 쪽으로 가다가 갑자기

멈췄어요. 저번처럼 교감 선생님이 지각생들을 잡고 있을지도 모르니까요. 나는 학교 후문 쪽으로 가려고 좁은 골목길로 향했어요.

"애야, 미안하지만 이 짐 좀 같이 들어 줄래?"

인상이 푸근해 보이는 아저씨가 손짓하며 나를 불렀어요. 다정해 보이는 모습이 좋은 사람 같아 보였지요. 주변에 아무도 없는 걸 봐서 내게 도와달라는 것 같았어요. 내가 힘이 센지 어떻게 알았을까요? 나는 '흐흠' 소리를 내며 아저씨에게 다가갔어요.

"상자 아래를 두 손으로 받쳐 주면 고맙겠구나."

아저씨가 상자를 가리키며 부탁했어요. 나는 두 손을 상자 아래로 넣고 엉덩이를 위로 치켜든 채, 상자 밑 부분을 잡았어요.

"으, 으윽."

상자에 뭐가 들었는지 꿈쩍도 안 했어요. 나는 좀 더 힘을 줬어요.

"으, 으으윽."

그런데 갑자기 내가 공중으로 붕 떠올랐어요. 아저씨가 나를 상자로 착각했는지 내 배를 움켜잡고 들어 올린 거예요.

"아저씨!"

나는 상자가 아니라고 말하려고 했어요. 하지만 아저씨는 끄응 소리를 내면서 나를 차 트렁크 안으로 힘겹게 밀어 넣었어요. 뒷말은 쿵 하고 트렁크 닫히는 소리에 파묻히고 말았고요.

"도와주세요!"

갇혔다는 생각이 들자마자 큰 소리로 외쳤어요. 하지만 차가 부르릉 출발하는 소리에 도와달라는 목소리는 퍼져 나가지도 못했지요. 머릿속이 트렁크 속처럼 캄캄해지더니 뉴스에서 본 나쁜 아저씨들이 떠올랐어요. 나쁜 아저씨들은 아이들을 데려가서 섬처럼 외딴곳에 판

다고 들었어요. 정말 섬에 팔려 가면 엄마, 아빠를 영원히 만날 수 없을 거예요.

갑자기 엄마 얼굴이 떠올랐어요. 아침에 엄마가 지각하지 말라고 했을 때 말을 들었어야 했는데 말이에요. 엄마가 그렇게 늦지 말라고 당부했는데, 약속을 지키지 않은 게 반성이 됐어요. 엄마 말 안 듣고 후회하던 청개구리처럼 나도 눈물이 났어요.

"으아아아앙……. 엄마, 무서워!"

차 엔진이 돌아가는 소리에 울음소리도 애애애앵거리며 커졌어요.

한참을 울다가 문득 엄마가 '호랑이 굴에 잡혀 가도 정신만 바짝 차리면 산다'는 속담을 가르쳐 준 것이 생각났어요. 나도 정신을 차려야겠다는 생각이 들었죠. 트렁크 속에 갇혔지만 정신을 차리면 탈출할 수 있을 거라고 믿었어요.

나는 몸을 옆으로 돌려 얼굴이 트렁크 입구 쪽으로 향하게 했어요. 트렁크 문틈으로 빛이 조금씩 스며들어 왔어요. 손을 뻗어서 문 가운데를 더듬더듬 만졌어요. 잠금 장치처럼 톡 튀어나온 게 만져졌어요. 이걸 누르면 문이 열릴 수도 있겠다 싶었어요.

'끼이이이익.'

　때마침 차가 섰어요. 여기가 어딘지 모르겠지만 차가 섰을 때 탈출해야겠다는 생각이 들었어요. 소원을 빌며 튀어나온 고리를 만지작거렸어요. 속으로 숫자를 셋까지 세었어요. 숨을 멈추고 고리를 확 잡아당겼죠.

'철커덕.'

트렁크 문이 열리는 소리가 들렸어요.

'드디어 탈출이야!'

속으로 환호성을 질렀어요. 트렁크 문이 위로 확 젖혀졌어요. 나는 차에서 뛰어내리려고 재빨리 앉았지요.

"야! 천천히 내려와!"

내 눈앞에 마스크를 낀 아저씨가 떡하니 버티고 서 있었어요. 내가 문을 연 게 아니라, 아저씨가 문을 열었나 봐요. 탈출한다고 좋아했는데……. 속상해서 눈물이 날 것 같았지요.

살려 주세요!

"으아아아악!"

나는 너무 무서워서 소리를 질렀어요.

"입 다물고 가만히 있어!"

아저씨는 공포 영화에나 나올 법한 목소리로 힘을 주어 말했어요.

"아저씨, 살려 주세요! 살려 주세요!"

아저씨 손에 노끈과 테이프가 있는 걸 보니 무서워서 몸이 마구 떨렸어요.

"두 번 말하는 건 딱 질색이다. 조용히 입 다물고 있으라고 했다."

아저씨는 군인 말투처럼 낮고 짧게 말하더니 성큼 다가왔어요. 나는 무서워서 두 눈만 끔벅끔벅거렸어요. 아저씨는 트렁크에서 나를 끌어내리더니 팔을 뒤로 하라고 했어요. 트렁크 속에서 이리저리 뒹굴었더니 온몸이 욱신거렸어요. 아저씨는 두 손을 노끈으로 꽁꽁 묶고, 두꺼운 테이프를 북북 뜯어서 입에 쫙 붙였어요. 그리고 책가방을 샅샅이 살피더니 트렁크 속에 던졌어요.

"따라와!"

아저씨가 나를 앞세웠어요. 주변을 둘러보니 낯선 산이었어요. 온몸이 덜덜 떨렸어요. 무서워서 뒤를 돌아볼 수도 없었어요.

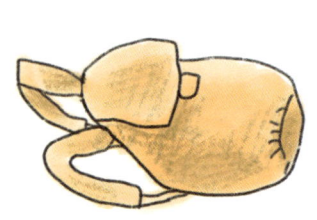

운동장 반 바퀴 정도쯤 떨어진 곳에 낡은 창고가 하나 보였어요. 할아버지 농장에 있는 조립식 건물과 비슷해 보였어요. 예전에 영화에서 봤던 장면이 떠올랐어요. 인질범들이 사람들을 끌고 가서 저런 곳에 사람을 가두었죠.

'이대로 당할 수는 없어.'

저 안에 들어가면 꼼짝없이 갇힐 거라는 생각이 들었어요. 일부러 다리에 힘을 빼고 걷다가 순간 발목을 삐끗한 척하며 옆으로 스르륵 넘어졌죠.

"이 녀석! 왜 비틀거려. 똑바로 걷지 못해."

뒤에 붙어 있던 아저씨가 급하게 내 양팔을 붙잡으며 일으켜 세우려 했어요.

나는 일부러 발목이 아픈 척하며 땅바닥에서 바둥바둥거렸어요. 손목이 뒤로 묶여 있으니까 지렁이처럼 꿈틀거렸지요. 입안으로 흙이 들어갔고요.

 연기가 진짜 같았던지 아저씨는 손목을 풀어 주었어요. 나는 눈물까지 그렁거리며 고개를 꾸벅 숙여 인사를 했어요. 내가 인사도 잘하는 착한 아이란 걸 알면 아저씨가 풀어 줄 수도 있으니까요. 그런데 아저씨는 내 손을 앞으로 묶었어요. 역시 나쁜 아저씨였어요.

 그때 바닥에 떨어진 양말 한 짝이 눈에 들어왔어요. 바닥에서 뒹굴었을 때 벗겨진 듯했어요. 양말에 그려진 강아지 그림이 멍멍 짖어 주면 얼마나 좋을까요? 하지만 희망은 있다고 생각했어요. 헨젤과 그레텔이 조약돌을 보고 집

을 찾아갔듯, 누군가가 양말을 보면 나를 찾아 줄지도 모르니까요.

"빨리 걸어!"

아저씨가 내 등을 쿡 찔렀어요. 이번에도 넘어지면 들통날까 봐 잽싸게 걸었어요.

창고 앞에 도착했어요. 아저씨가 문을 여니까 끼이익 소리를 내며 문이 열렸어요. 삽, 망치, 호미 등의 농기구가 보였어요. 둥근 통나무가 한쪽 귀퉁이에 높다랗게 쌓여 있었고요. 구석구석 거미줄이 보였고 먼지가 뒹굴고 있었지요. 금방이라도 커다란 쥐가 툭 튀어나올 것 같았어요.

"저기 앉아."

아저씨는 구석에 있는 나무 의자를 가리켰어요. 나는 쭈뼛쭈뼛 의자에 앉았어요. 아저씨는

굵은 밧줄로 나를 의자에 동여맸어요. 그러고는 얼굴 가까이 아저씨의 커다란 손이 다가왔어요. 무서워서 눈을 질끈 감았지요.

"으아아아아아악!"

아저씨가 테이프를 확 떼어 냈어요. 동시에 나는 소리를 질렀어요.

"소리치지 말라고 했지!"

아저씨는 화가 난 듯 큰 소리로 혼냈어요.

"아프니까 그렇……죠."

나도 화가 나서 구시렁거렸어요. 그러자 아저씨 눈이 무섭게 번뜩거렸어요. 나는 겁에 질려 꼬리 내린 강아지처럼 기가 팍 죽었어요.

"지금부터 내 말 잘 들어라. 네가 잘 도와주면 무사히 집에 돌아갈 수 있지만, 그렇지 않으면 영원히 돌아가지 못할 거다."

집으로 돌아갈 수 있다는 말이 정말이길 바라며 고개를 끄덕였어요.

"네 이름과 부모님 전화번호, 그리고 집 주소를 말해라. 어느 학교 몇 학년 몇 반인지도."

"저기, 하나씩 물어보면 안 돼요? 너무 길어서 기억을 못 하겠어요. 제 이름은 이원석이에요."

아무것도 대답하지 않으면 혼날까 봐, 내 이름을 먼저 말했어요.

"묻는 말에만 대답하라고 했다."

아저씨는 양미간을 찌푸리며 인상을 썼어요.

"엄마 전화번호부터 말해."

"010, 9500……."

"소리가 안 들리잖아. 크게 말해."

입 다물라고 할 땐 언제고, 크게 말하라니요. 참 헷갈렸어요. 그런데 엄마 전화번호가 기억나지 않는 거예요.

"010, 9500, 1……인가?"

뒤 번호가 떠오르지 않아서 웅얼거리는데 배에서 꼬르륵 소리가 났어요.

"야! 너 지금 장난치냐?"

아저씨는 발로 바닥을 구르며 윽박질렀어요.

"그게 아니라, 기억이 안 나요. 전 배가 고프면 머리가 잘 안 돌아가거든요."

나도 답답해서 울먹거렸어요. 아저씨는 나를 노려보았어요. 한참을 바라보다 답답한 듯 한숨을 길게 내쉬더니, 손목시계를 보며 말했어요.

"내가 먹을 걸 좀 가져올 테니까 그때까지 엄마 전화번호 생각해. 번호 기억해 내지 못하면 아무것도 못 먹을 줄 알아."

아저씨는 의자에 묶인 매듭을 힘껏 당기고선 창고 밖으로 나갔어요.

　내가 학교에 가지 않으면 짝꿍 나연이가 나를 기다릴까 궁금했어요. 하지만 이내 고개를 저었어요. 나를 쏘아보던 아저씨의 무서운 얼굴이 떠올랐거든요.
　나는 엄마 전화번호를 떠올려 보았어요. 긴장이 돼서인지 번호가 까마득했어요. 내가 엄마한테 전화를 걸 때보다 엄마가 내게 전화를 할 때가 더 많아서 그런가 봐요. 엄마는 내가 학원에서 집으로 돌아올 시간이 되

면, 어김없이 집으로 전화를 했거든요. 어쨌든 중요한 건 엄마 전화번호를 기억해 내는 거였어요. 안 그러면 아저씨가 밤새도록 의자에 묶어 둘지도 모르니까요. 그 생각을 하니까 갑자기 오줌이 마려웠어요.

 전화번호를 1부터 하나씩 떠올려 보았어요. 잠들기 전, 숫자를 헤아리듯 말이에요.

아저씨의 비밀

"엄마 전화번호 생각났냐? 어서 말해라."
아저씨가 들어오자마자 다그쳤어요.
"죄송해요. 계속 생각했는데 헷갈려요."
"이 녀석이 지금 놀러 온 줄 아냐? 넌 인질이야. 정신 차려. 다시 말하지만 빨리 대답 못 하면 집에 못 돌아간다."
그때 눈치 없는 배에서 꼬르륵 소리가 났어요.
"이거 먹어라. 차 안에 있는 음식이라곤 이것밖에 없다.

이 상황에서 먹을 걸 찾다니."
 아저씨가 음식이 든 비닐봉지를 건넸어요.
 "아저씨, 손이 묶여 있어서 먹을 수가 없어요. 손을 풀어 주셔야죠."

"자꾸 나한테 이래라 저래라 하지 마라."

아저씨는 망설이더니 결국 손을 풀어 줬어요. 손끝이 찌릿찌릿했어요.

"빨리 먹어!"

아저씨는 뒤로 돌아서더니 마스크를 아래로 내리고 빵 하나를 꺼내 먹었어요. 아저씨가 내 것도 빼앗아 먹을까 봐, 비닐봉지를 재빨리 끌어당겼어요. 비닐봉지 안에는 바나나랑 요구르트 그리고 빵이 들어 있었어요. 요구르트 뚜껑을 떼려는데 힘이 없었어요. 그래서 바나나를 먼저 먹었어요.

"엄마 전화번호 생각해야 한다."

아저씨는 여전히 뒤돌아서서 말했어요.

"네에."

나는 바나나를 베어 물며 또다시 번호를 떠올렸어요. 바나나를 다 먹고 빵을 먹기 시작했어요. 갑자기 목이

콱 막혔어요. 요구르트 뚜껑을 떼려는데 은박으로 된 껍질이 쉽게 떨어지지가 않았어요.

'제발 생각나라, 생각나라!'

나는 음료수를 두 손바닥 사이에 두고 양 옆을 누르며 빌었어요.

그때 '펑' 하고 무언가 터지는 소리가 들렸어요. 이내 내 얼굴과 온몸에 요구르트가 질질 흘러내렸고요.

"뭐야?"

뒤돌아 있던 아저씨도 깜짝 놀라며 나를 쳐다봤어요.

"도대체 뭘 한 거야?"

아저씨가 계속 물었지만 눈을 뜰 수가 없었어요. 요구르트 병을 너무 세게 눌렀던지 뚜껑이 튀어 오르면서 요구르트가 위로 솟구친 거예요. 그 덕분에 콧구멍 안이랑 놀라서 쩍 벌어진 입에도 요구르트가 가득했죠. 바닥은 온통 하얗게 범벅이 되었고요.

몇 초간 모든 것이 멈춘 듯 조용했어요. 아저씨도 어떻게 해야 할지 답이 없어 보였지요.

"일부러 그런 거지? 엉?"

아저씨가 화를 냈어요. 콧구멍이 동전도 들어갈 만큼 커졌어요.

"아니에요. 그냥 터졌단 말예요. 정말이에요."

나도 속이 상해서 눈물이 났어요. 눈물과 콧물이 요구르트와 뒤섞여서 흘러내렸지요.

"에이, 더러워! 울음 뚝 그쳐!"

아저씨는 휴지를 꺼냈어요. 그리고 눈, 코, 입에 묻은 요구르트를 닦아 주었어요. 하지만 얼굴이 끈적거려 기분도 엉망진창이 되었어요.

"전화번호 빨리 말해!"

아저씨는 마스크를 벗은 것도 깜빡했는지 지친 듯 말했어요.

"번호를 알아도 통화는 어려울 거예요. 엄마는 일하는 중에는 전화를 못 받거든요. 그런데 아저씨 전화기로

전화하면 여기가 어딘지 들키지 않나요?"

나는 추리 만화에서 봤던 게 생각나서 물었어요.

"위치 추적 못하게 해 놨거든. 내 걱정은 하지 말고 네 걱정이라 해라."

아저씨는 당황한 듯 소리쳤어요. 그리고 전화기를 얼른 주머니 안에 집어넣었어요.

아저씨는 나를 물끄러미 바라보더니 한숨을 길게 내쉬었어요. 그러더니 빵을 천천히 베어 물었죠. 나도 덩달아 빵을 집어 들었어요. 요구르트랑 범벅이 되어서 빵이 축축했어요.

"아저씨, 물 좀 주세요. 요구르트를 다 쏟아서 마실 게 없어요."

"녀석! 넉살도 좋다. 넌 소풍 온 게 아니라 잡혀 온 거야."

아저씨는 마시던 물을 건네주었어요.

"알아요, 안다고요."

"얘가, 얘가. 뭘 믿고 그리 큰소리치냐? 넌 유괴된 거라고. 알아?"

아저씨의 눈이 커졌어요. 그때 선생님이 눈을 크게 뜨고 왜 지각했는지 물어보는 모습이 떠오르지 뭐예요.

"아저씨는 지각한 적 있어요?"

"당연히 해 봤지."

"지각하면 반성문 쓰고 엄마 사인도 받아 와야 하고,

그건 정말 싫어요."

아저씨는 내 말에 헛기침을 했어요.

"넌 고작 그 정도 가지고 그러냐? 나는 선생님께 벌을 받기도 하고 매까지 맞았는걸."

아저씨는 예전 일이 생각나는지 쓸쓸하게 말했어요.

"아저씨, 왜 저를 데려왔어요?"

나는 계속 궁금하던 걸 물어보았어요.

"갑자기 그걸 왜 물어?

돈이 필요해서 그러지."

"제가 돈이 많아 보였어요?"

"내가 돈 때문에 고민하고 있는데 네가 눈에 띈 거지."

아저씨는 툭 던지듯이 말했어요.

"돈을 벌면 되죠."

나도 아저씨의 말을 툭 받아쳤어요.

"그걸 누가 모르냐? 나도 일하고 싶지만……."

아저씨의 눈가가 벌게졌어요.

"그럼 회사 다니세요. 우리 엄마 아빠처럼요."

나는 도무지 이해할 수 없었어요.

"쓸데없는 말 하지 말고 너희 엄마 전화번호 생각해. 어서!"

아저씨가 다시 윽박질렀어요.

"아저씨, 돈이 필요하면 제가 줄게요. 저, 돈 많아요."

"인마, 장난하니? 몇백만 원도 아니고 더 많이 필요하다고. 아휴, 돈은 다 어디에 있는 거야? 그 돈이 있어야 아들을 살릴 수 있는데, 어서 수술을 시켜야 하는데……."

아저씨가 머리를 감쌌어요.

나는 아저씨의 아들이 아프다는 걸 알 수 있었어요.

"아저씨, 제가 돈 드릴 수 있어요."

"너 지금 날 만만하게 보는 거냐? 난 유괴범이다."

"그런 게 아니에요. 집에 가면 돈이 어디 있는지 알아요. 제 통장에도 있고, 엄마, 아빠 통장도 어디 있는지 알아요. 아저씨 아들을 살려야 하잖아요. 우리 집에는 아픈 사람이 없으니까 돈이 많이 필요하지 않아요."

"집에 누가 있는데?"

"아무도 없어요. 엄만 회사 가시고 아빠는 해외 출장 가셨어요."

아저씨는 고개를 숙이고 한참을 생각하는 듯했어요.

"좋아! 그럼 집 주소를 말해. 혹시 딴 생각했다가는 다시는 부모님을 보지 못할 거다."

아저씨는 주먹을 꽉 쥐어 보였어요. 내가 속일까 봐 걱정이 됐나 봐요.

아저씨는 내 손을 뒤로 묶고 이번에는 조수석에 태웠어요.

또 트렁크에 넣으면 어쩌나 걱정했는데 그나마 다행이었어요.
"현우야, 병이 나으면 놀러 가자는 약속 지키마. 그러니 무슨 일이 있으면 안 된다. 제발……"
아저씨는 옆에 현우가 있기라도 한 듯 혼잣말을 했어요.

"아저씨는 아들이랑 많이 놀러 다녔어요?"

나는 가만히 있으려니 입이 근질근질해서 물었어요.

"사는 게 바쁘다 보니……."

"우리 아빠도 출장을 많이 다녀서 마찬가지예요. 회사에서 일이 엄청나게 많은가 봐요. 나랑 놀아 주면 좋은데, 집에 오셔도……."

"그만! 너 자꾸 신경 쓰이게 시끄럽게 할래? 운전해야 하니까 조용히 있어라."

아저씨는 숨소리가 들릴 정도로 조용히 차를 몰았어요. 엄마 얼굴이 떠오르고 아빠 얼굴이 떠올라서 눈물이 나려고 했어요. 하지만 눈물보다 속이 울렁거리는 게 먼저였어요. 금방이라도 토할 듯이 속이 울렁거렸어요.

"아저씨, 속이 너무 안 좋아요. 토할 것 같아요. 손 좀 풀어 주시면 안 될까요?"

"야! 지금 운전 중인데 어떻게 손을 풀어 주냐? 창문을 조금 열 테니까 토하면 안 된다."

아저씨가 창문을 조금 내려 줬어요. 나는 원래 차멀미가 심해요. 그런데 고속도로가 아닌 울퉁불퉁한 시골길을 달리니까 멀미가 더 심해졌어요.

"욱! 아저씨, 정말이에요. 진짜 토해요! 우욱!"

"야! 안 돼!"

아저씨가 급하게 차를 멈췄어요. 손을 풀어 주려는 듯 옆으로 몸을 틀며 내게 다가왔어요.

"우욱! 욱!"

그 순간, 아저씨 얼굴에 확 토해 버렸어요.

"에잇! 뭐야? 이 녀석이 정말!"

아저씨는 얼굴이 붉으락푸르락해졌어요. 정말 화가 난 듯했어요. 주먹으로 내 머리를 쿵, 쥐어박았어요.

"이런 식으로 나 골탕 먹이는 거지?"

"아니에요. 참으려고 했는데 멀미가 나서 토한 거예요.

저도 속상해요!"

　나도 정말 억울해서 큰소리쳤지요. 아저씨도 내가 대들자 당황했는지, 주변을 두리번거렸어요. 휴지를 꺼내서 얼굴을 닦고 나선, 손목시계를 봤어요. 토하고 나니 속은 좀 편해졌지만, 시큼한 냄새는 입속에 남아 있어

여전히 울렁거렸어요. 아 저씨는 내가 또 토할까 봐 무서웠나 봐요. 손을 풀어 줬으니까요. 또다시 차가 달리기 시작했어요.

집으로

"일어나. 여기 맞지?"

아저씨가 나를 흔들었어요. 잠깐 잠이 들었나 봐요. 눈이 번쩍 떠졌어요. 고개를 들어 보니 우리 아파트가 맞아요. 나는 고개를 끄덕였어요.

"집에 가는 동안 허튼 짓을 했다가는 가만두지 않을 테다. 명심해!"

아저씨는 눈을 부릅뜨며 검은색 야구모자를 썼어요.

아저씨는 차에서 내린 뒤, 내 어깨에 팔을 둘렀어요.

언뜻 보면 어깨동무를 한 것처럼 보이지만, 내가 도망가지 못하게 꼭 붙든 거예요.

아파트 입구에 도착했어요.

"원석아, 오늘은 학원 안 갔나 보구나. 같이 계신 분은 누구시죠?"

입구를 지키는 경비 아저씨가 말을 건넸어요. 경비 아저씨는 흐트러진 내 모습이 이상하다는 듯, 위아래로 여러 차례 훑어봤어요.

"아! 저희 삼촌이에요. 삼촌이 와서 오늘은 학원 안 가고 바로 왔어요."

능청스런 거짓말에 경비 아저씨는 더 이상 묻지

않았어요.

"안녕하세요? 원석이 삼촌입니다."

"아, 몰라봬서 죄송합니다."

경비 아저씨는 모자를 벗고 인사를 꾸벅하더니 출입문을 열어 줬어요.

"7층 맞지?"

아저씨는 엘리베이터 입구를 향해 급하게 갔어요. 덩달아 나도 끌려갔지요.

"혹시 아는 사람 만나면 인사만 해야 해. 허튼 소리 했다가는 어떻게 되는지 알지?"

아저씨는 엘리베이터를 타고 나서도 거듭 당부했어요. 엘리베이터는 7층까지 한 번도 멈추지 않고 쭉 올라갔어요.

"비밀번호 눌러. 빨리!"

아저씨가 뒤에서 등을 쿡 찌르며 말했어요.

"아, 잠깐만요. 계속 재촉하니까 번호가 헷갈리잖아요."
 내가 짜증을 내자, 아저씨는 야구모자를 눌러쓰며 주위를 두리번거렸어요. 마음을 가다듬고 비밀번호를 눌렀어요.

띠리릭 문이 열리는 소리가 들렸어요. 아저씨는 현관문을 밀며 따라 들어왔어요.

"네 통장부터 찾아!"

아저씨는 현관문을 닫고 말했어요.

내 방으로 후다닥 뛰어가서 책상 서랍을 뒤졌어요. 아저씨는 거실 수납장 서랍을 빼내더니 값비싼 물건을 가방 속에 넣었어요.

"통장이 왜 안 보이지?"

분명히 첫 번째 책상 서랍 속에 넣어 뒀다고 생각했는데 통장이 안 보였어요.

"지금 뭐 하는 거야? 통장 어디 있어?"

아저씨가 어느새 다가와서 물었어요.

"못 찾겠어요. 엄마가 가지고 있나 봐요."

"뭐라고? 통장 어디 있는지

알고 있다고 했잖아!"

아저씨는 흥분해서 소리를 버럭 질렀어요. 나는 너무 놀라 오줌이 찔끔 나왔어요.

"안방 화장대 안에 있을 수도 있어요."

"당장 안방으로 뛰어가!"

아저씨는 소리치며 나와 함께 안방으로 갔어요. 아저씨는 화장대 서랍을 확 열어 젖히더니, 금반지와

시계 그리고
돈을 꺼냈어요.
그래도 통장이 안
보이자 이불장에 있던
이불을 다 빼냈어요. 이불장 구석에
작은 상자가 보였어요. 아저씨는 보물을 발견한 듯 상자를 꺼냈어요. 상자 속에서 통장이 여러 개 나왔어요.
익숙한 캐릭터 그림이 있는 내 통장도 보였어요.

"통장은 찾았는데 도장이 없잖아. 통장 비밀번호 알아?"

"제 통장 비밀번호는 아는데 엄마, 아빠 비밀번호는 몰라요."

"야! 도장도 없고 비밀번호도 모르면 돈을 어떻게 찾니? 어린애 말을 믿고 따라나선 내가 잘못이지. 아이고, 답답해!"

아저씨는 골치가 아프다는 듯 모자를 벗어 던지고 이마에 손을 올렸어요.

'따르르릉 따르르릉.'

거실 전화벨이 요란하게 울려 댔어요. 나는 전화를 받으러 거실로 향했어요. 엄마한테 온 전화일 거란 생각이 들었어요.

"안 돼! 전화 받지 마!"

아저씨가 내 앞을 가로막으며 소리쳤어요.

"엄마한테 온 전화일 거예요. 엄마한테 통장 비밀번호 물어볼게요."

"이 녀석아! 그럼 너희 엄마가 이상하게 여기고 집으로 달려올 거야."

아저씨와 내가 실랑이를 하는 동안 전화가 멈췄어요.

'드르르르릉 드르르르릉.'

이번에는 아저씨 핸드폰에서 진동 소리가 들렸어요. 아저씨는 점퍼 주머니에서 전화기를 꺼냈어요. 전화번호를 확인하더니 급하게 전화를 받았어요.

"뭐라고요? 현우가 사라졌다고요?"

아저씨는 내가 옆에 있다는 것도 잊은 듯, 놀라서 소리쳤어요.

"병원 주변은 찾아봤나요?"

아저씨는 연거푸 질문을 하더니 한참 동안 전화기를 붙잡고 있었어요. 전화를 끊고 나서는 자리에 털썩 주저앉았지요.

"아저씨, 무슨 일 있으세요?"

나는 아저씨의 행동이 궁금해서 물었어요.

"현우가 사라졌대."

아저씨는 넋이 나간 사람처럼 말했어요.

"아저씨 아들이 병원에서 나간 거예요?"

"현우야, 현우야……."

아저씨는 내 말에 대꾸도 않고 허둥지둥 현관으로 갔어요. 금반지, 시계, 돈은 고스란히 놓고 말예요.

"순순히 따라와라. 안 그러면 아주 나쁜 짓을 할지도

몰라."

　아저씨가 다시 돌아와 내 손목을 잡아끌었어요.

　"싫어요! 안 따라갈 거예요."

　나는 아저씨 팔을 뿌리치며 버텼어요.

　"지금 너랑 실랑이할 시간 없다. 빨리 따라와!"

　"아저씨가 유괴당했다면 다시 가고 싶겠어요? 그동안 얼마나 무서웠는지 알아요? 또다시 그 창고에 가기 싫어요. 아저씨도 한번 잡혀가 봐요."

　내 입에서 쌓여 있던 불만이 우르르 쏟아져 나왔어

요. 말을 하다 보니 서러운 생각이 들어서 눈물까지 쏟아졌어요.

"우리 현우는 당장 수술하지 않으면 더 이상 살 수 없어. 현우가 사라지면 내가 사는 이유도 사라진 거야."

아저씨는 울부짖듯 말했어요. 난 아저씨가 무섭기도 하고, 아들을 걱정하는 아저씨가 불쌍하기도 했어요.

"아저씨, 그럼 저도 같이 찾아볼게요."

나도 모르게 그런 말이 나왔어요. 아저씨는 대답도 없이 앞장서서 나갔어요.

사라진 아저씨의 아들

"아저씨, 지금 어디 가는 거예요?"

"병원!"

아저씨는 급하게 차를 몰며 대답했어요.

"아저씨 집이랑 현우가 있던 병원은 가깝나요?"

나는 아저씨가 아픈 아들을 찾기를 바랐어요.

"걸어서 삼십 분 정도다. 아픈 녀석이 어디를 갔을까? 제발 별일 없어야 하는데."

아저씨는 몹시 불안해 보였어요.

"너무 걱정 마세요. 꼭 찾을 수 있을 거예요. 아, 집에 용돈 가지러 갔을 수도 있어요."

나는 아저씨 마음이 가라앉기를 바라며 말했어요.

"정신 사납게 떠들지 말고 조용히 해라!"

아저씨는 짜증을 내며 차를 급하게 몰았어요. 병원으로 간다더니 좁은 골목길로 향했어요. 주택들이 다닥다닥 붙어 있는 곳에서 차를 멈췄어요. 언덕길 계단은 아주 가팔랐어요. 나는 헉헉대며 계단 끝까지 올라갔어요. 콧등까지 땀이 송골송골 맺혔지요.

아저씨는 녹슨 파란 대문 집으로 들어갔어요. 이내 아저씨가 힘없이 집 밖으로 나왔어요.

"아저씨, 현우 찾았어요?"

"아니, 없어."

아저씨는 어깨가 축 처져서 대답했어요. 아저씨는 힘이 빠진 듯 자리에 털썩 주저앉았어요.

"아저씨, 놀이터는 어디 있어요?"
"이런 동네에 놀이터가 어디 있겠냐? 공이나 차고 노는 공터가 전부지."
"아저씨, 공터로 함께 가 봐요."
나는 아저씨 팔을 잡아끌며 말했어요.

"됐다. 병원으로 가야겠다. 다시 돌아왔을지도 모르잖아."
"아저씨, 바보예요? 돌아왔으면 병원에서 아저씨한테

전화가 왔겠죠. 현우는 안 찾을 거예요? 현우가 저처럼 유괴범한테 잡혀 가면 좋겠어요?"

순간 아저씨의 눈빛이 깜박이는 형광등처럼 흔들렸어요.

"그래, 가 보자."

아저씨가 공터를 향해 걸었어요. 나도 그 뒤를 그림자처럼 뒤따랐어요. 얼마나 먼지, 긴 계단을 몇 번이나 오르락내리락했어요.

드디어 공터에 도착했어요. 아이들 몇몇이 공을 차고 놀고 있었어요.

"현우야!"

아저씨는 급하게 달려갔어요. 아이들이 멈칫하며 아저씨를 보더니, 이상하다는 듯 다시 공을 찼어요.
"현우가 아니잖아! 도대체 어디로 간 거니?"
아저씨는 하소연하듯 말했어요.
"아저씨, 일어나요! 슈퍼마켓으로 가 봐요."

나는 아저씨를 붙들며 말했어요. 아저씨는 화도 내지 않고 조용히 일어섰어요.

벌써 해가 뉘엿뉘엿 저물어 갔어요. 아저씨랑 함께 왔던 길로 되돌아갔어요. 좁은 골목길을 지나고 슈퍼마켓이 보였어요. 돋보기를 낀 할머니가 혼자서 가게를 지키고 있었어요. 다시 골목을 샅샅이 뒤졌어요. 멀리 은행이 보였어요. 그런데 은행 건물 귀퉁이 쪽에 누군가가 웅크리고 앉아 있었어요.

나보다 먼저 아저씨가 그곳을 향해 달려갔어요.

"현우야!"

아저씨가 아이의 손을 잡았어요.

"도대체 왜 그랬냐? 왜 속을 썩이는 거냐?"

아저씨가 입에서 뜨거운 입김을 훅 내쉬었어요.

"잘못했어요. 아빠가 은행을 털까 봐 걱정이 됐어요. 아빠가 은행이라도 털어야 한다고 했잖아요."

현우가 울먹이며 말했어요.

"아휴, 2학년이면 알아들어야지. 그건 아빠가 수술비 걱정이 되어서 해 본 말이었어."

아저씨는 말을 하다가 나를 슬쩍 보더니 말을 이었어요.

"아빠가 생각이 짧았어. 앞으로 나쁜 생각 안 할게. 너를 봐서라도 말이야."

아저씨는 현우를 그러안았어요.

나도 엄마 아빠 생각이 났어요.

"아빠, 쟤는 누구예요?"

현우는 그제야 정신이 들었는지 나를 가리키며 말했어요.

"어, 어, 그게……."

아저씨가 당황하며 말을 더듬었어요.

"난 원석이야. 길을 잃어서 아저씨가 우리 집을 찾아

주기로 했어. 그렇죠, 아저씨?"

"그, 그랬지."

아저씨가 현우의 눈치를 보며 대답했어요. 현우에게 나도 2학년이라고 말하려다가 말았어요.

아저씨는 현우와 나를 차에 태웠어요.

"아빠, 어제 내가 준 빵 먹었어요?"

"으응, 그거……. 그래, 먹었다."

아저씨가 내 눈치를 보며 말했어요.

현우의 말을 들으니 내가 터트린 요구르트가 떠올랐어요. 아저씨가 재빨리 다른 말을 했어요.

"현우야, 수술하고 빨리 나으면 네 소원대로 통나무집 만들어야지. 아빠가 만든 창고에 통나무를 모아 뒀어."

"예전에 다람쥐 봤던 곳 말이에요?"

현우도 그 창고에 가 본 적이 있는 듯 대꾸했어요.

"나도 그 창고 아는데……."
나도 모르게 아는 체를 했어요.
"네가 어떻게 알아?"
현우가 이상하다는 듯이 물었어요.

"흐흠, 현우야! 병원에 다 왔네."

아저씨는 내 말을 막으려는 듯 말을 돌렸어요.

아저씨는 현우를 병원에 내려 준 뒤, 나를 집에 데려다줬어요.

"인마, 앞으로 절대 낯선 사람 따라가지 마라."

아저씨가 차에서 내려 문을 열어 주며 말했어요.

"절대로 그런 일 없을 거예요. 아저씨나 나쁜 일 하지 마세요."

나는 고개를 저으며 대답했어요.

"원석아!"

그때, 나를 부르는 엄마의 목소리가 들려왔어요. 동시에 경찰들이 우르르 몰려들더니 아저씨를 붙잡았어요.

"저 사람 맞아요. 아까 원석이 삼촌이라면서 함께 집에 들어갔어요."

경비 아저씨가 아저씨를 가리키며 말했어요.

"원석아, 괜찮니? 다친 데는 없고?"

엄마가 나를 부둥켜안고 눈물을 흘리며 물었어요.

"당신을 유괴범으로 체포합니다."

경찰이 아저씨에게 수갑을 채우며 경찰차로 데려갔어요.

"아니에요. 아저씨는 저를 풀어 주려고 했어요."

나는 아저씨를 향해 손을 뻗으며 말했어요.

"이 녀석아, 저런 나쁜 사람 말을 믿니? 그건 다 돈 빼앗으려고 한 거짓말이야. 엄마랑 빨리 집에 가자!"

엄마가 내 어깨를 감싸 안으며 집으로 이끌었어요. 나는 아저씨가 걱정돼 뒤를 바라봤어요. 아저씨는 고개를 숙이고 수갑을 찬 채 경찰차에 올라탔어요.

다시 제자리로

다음 날 아침, 학교에 갔어요. 엄마는 회사에 출근하지도 않고 학교까지 나를 데려다줬어요. 나 때문에 일주일간 휴가를 얻었대요.

"원석아, 많이 놀랐지? 정말 다행이다."

담임 선생님이 내 머리를 쓰다듬으며 말했어요.

"어떻게 도망친 거야?"

"유괴범 엄청 무섭게 생겼지?"

"원석아, 너 대단하다."

친구들이 내 주위로 몰려들며 한꺼번에 말했어요.

"애들아, 모두 자리에 앉아라. 원석이 피곤하니까 질문은 그만하고."

선생님이 손을 휘휘 내젓자 친구들이 자리로 돌아갔어요.

수업을 마치고 엄마가 교실로 나를 데리러 왔어요.

"원석아, 엄마랑 경찰서에 갔다가 집에 가자."

"경찰서는 왜요?"

엄마 차에 올라타며 물었어요.

"확인할 게 있다고 하는구나."

"경찰서 가면 아저씨 만날 수 있어요?"

나는 아저씨가 걱정됐어요.

"그 나쁜 사람을 또 왜?"

엄마가 발끈하며 소리쳤어요.

"그렇게 나쁜 아저씨는 아니었어요. 아이가 아파서 수

술비가 필요하댔어요. 아저씨가 붙잡혔을 때도 날 집에 데려다준 거였단 말이에요!"

나도 엄마에게 큰소리를 쳤어요.

"아이가 아프다고 모두 그렇게 나쁜 짓을 하니? 엄만 도저히 용서할 수 없다."

엄마는 고개를 세차게 내저으며 말했어요.

어느새 경찰서에 도착했어요.

"어서 와. 많이 힘들었지?"

안경을 낀 경찰관이 내게 인사를 건넸어요.

나는 고개를 숙이며 인사를 했어요.

"힘들겠지만 있었던 일을 그대로 말하면 된단다. 증거로 녹음을 할 거야."

경찰관이 눈을 끔뻑하며 말했어요. 엄마가 옆에서 내 손을 슬쩍 잡았어요.

나는 학교 가는 길에 아저씨를 만난 것부터 아저씨의

아들을 찾아다닌 이야기, 마지막으로 아저씨가 나를 집에 데려다준 것까지 몽땅 말했어요.

옆에서 이야기를 듣던 엄마가 후유, 한숨을 길게 내쉬었어요.

"아저씨가 감옥 가면 아저씨 아들이 죽을 수도 있어요. 다시는 나쁜 짓 안 한다고 했으니까 한 번만 용서해 주시면 안 돼요?"

"흐음, 아무리 그래도 지은 죄가 사라지는 건 아니란다."

경찰관이 안타까운 표정을 지으며 말했어요.

"엄마, 제발요. 빨리 수술하지 않으면 아저씨 아들이 죽을 수도 있다고 했어요. 도와줄 사람이 아무도 없는 것 같았단 말이에요."

나는 엄마를 졸라 댔어요.

"얘가 참. 일단 알았으니까 집에 가서 말하자."

엄마가 손으로 이마를 짚더니 자리에서 일어섰어요.

"아직 힘드실 텐데 수사에 협조해 주셔서 감사합니다."

경찰관이 일어서서 고개를 꾸벅 숙였어요.

나는 엄마를 따라 집으로 돌아왔어요.

"피곤할 테니까 오늘은 학원 가지 말고 쉬렴. 엄마도 좀 누워 있다가 저녁 차려 줄게."

엄마가 안방으로 들어갔어요. 매일 가던 태권도랑 피아노 학원을 빠져도 된다니 너무 좋았어요.

내 방으로 들어갔어요. 책상에 앉아 좋아하는 만화책을 읽으려고 했죠. 책상 위에 올려 둔 돼지저금통이 눈에 띄었어요. 아들을 찾아 허둥지둥하던 아저씨 얼굴이 동시에 떠올랐고요.

나는 아저씨에게 편지를 쓰기 시작했어요.

아저씨!

저 원석이에요. 경찰관에게 아저씨가 나쁜 사람이 아니라고 말했어요.
그치만 벌을 받으셔야 한대요. 도움이 못 돼서 미안해요.
제가 모은 돼지저금통인데 아저씨 아들 수술비로 드릴게요.
아저씨 아들이 꼭 나아서 아저씨랑 행복하게 살았으면 좋겠어요.

- 원석이 씀-

편지를 다 쓰고 돼지저금통을 챙겨 집을 나왔어요.

'엄마가 잠잘 동안 빨리 갔다 와야지.'

엄마가 알면 혼날 것 같았지만 빨리 다녀오면 괜찮을 것도 같았어요.

엄마 차를 타고 간 기억을 떠올리며 경찰서를 찾아갔어요. 삼십 분쯤 걸어서 경찰서에 도착했어요. 콧등에 땀이 송글송글 맺혔어요.

"안녕하세요? 안경 낀 경찰관 아저씨는 안 계세요?"

머리가 곱슬곱슬한 경찰관을 보며 물었어요.

"방금 순찰 나갔는데 뭐 때문에 그러니?"

"저 원석인데요, 안경 낀 경찰관 아저씨에게 편지랑 돼지저금통을 드리려고요."

"돼지저금통이라고?"

"저를 유괴했던 아저씨에게 꼭 전하고 싶어요."

나는 돼지저금통을 앞으로 내밀며 말했어요.

"아, 네가 그 친구구나. 편지랑 돼지저금통은 내가 전할게. 혼자 이렇게 돌아다니면 부모님께서 걱정하시니 빨리 집에 가거라. 아저씨가 데려다줄까?"

"괜찮아요. 빨리 뛰어가면 금방이에요."

나는 편지랑 돼지저금통을 아저씨에게 불쑥 내밀었어요. 엄마한테 연락할까 봐 재빨리 인사를 하고 도망치듯 경찰서를 나왔어요.

절대 따라가면 안 돼!

"너 어디 갔다 오는 거니?"
엄마가 현관으로 들어서던 나를 보며 물었어요.
"짝꿍한테 빌려 준 준비물 다시 받아 왔어요."
"그래? 말도 안 하고 나가서 깜짝 놀랐잖아."
엄마가 눈을 동그랗게 뜨며 말했어요.
"죄송해요. 학교 숙제 할게요."
나는 거짓말이 들통날까 봐 급하게 방으로 쏙 들어갔어요.

그때 엄마 핸드폰이 따리리링 울렸어요.
"네? 원석이가요? 알겠습니다. 그렇게 전할게요."
전화를 받는 엄마 목소리가 무겁게 가라앉았어요. 나는 방문 앞에서 엄마 목소리에 귀를 기울였어요. 딸깍 전화 끊는 소리가 들렸어요.
"원석아, 이리 나와 봐라."
엄마가 부르자 가슴이 조마조마했어요.
"방금 경찰서에서 전화 왔다. 준비물 받아 왔다고 왜 거짓말했니?"
"엄마한테 혼날까 봐요."

나는 눈도 마주치지 못하고 우물쭈물 대답했어요.
"돼지저금통은 왜 가져갔니?"
"아저씨 아들 수술비 보태라고요."
"아이고 참. 엄마가 졌다, 졌어. 네 마음은 알겠으니 제발 엄마 좀 놀라게 하지 마라. 알았지?"
엄마가 다가와 나를 품에 꼭 안았어요.

"알았어요. 이제 엄마한테 꼭 말할게요."
"원석아, 엄마는 세상에서 네가 제일 소중하단다."

엄마의 목소리가 가늘게 떨렸어요. 향긋한 엄마 냄새에 마음이 편안해졌어요.

어느새 한 달이 훌쩍 지났어요.

나는 예전처럼 학교에 가고 학원을 다녔어요. 예전과 달라진 게 있다면 좁은 길이나 골목길로 다니지 않고 어두울 때는 혼자 외출하지 않는다는 거예요. 또 학교 수업이 끝나면 엄마랑 꼬박꼬박 전화를 해요.

"원석이한테 전할 게 있어서 왔습니다."

문 밖에서 익숙한 목소리가 들렸어요. 방문을 열고 거실로 나왔어요. 현관 앞에 경찰관이 서 있었어요.

"잠시 들어오셔서 차 한잔 하시고 가세요."

경찰관 아저씨가 흰 봉투를 들고 거실로 들어왔어요.

엄마가 차를 준비할 동안 경찰관 아저씨가 내게 편지를 건넸어요. 나는 꼬깃꼬깃 접힌 편지를 펼쳤어요.

원석아, 정말 부끄럽고 미안하다.

아무리 미안하다고 말해도 네게 한 나쁜 행동은 용서가 되지 않을 것 같구나.

네가 전해 준 글이랑 돼지저금통을 받고 얼마나 울었는지 모른다.

앞으로 다시는 나쁜 짓을 하지 않을게. 아들에게도 부끄러운 아빠가 되지 않기로 다짐했다.

원석이 네게 아저씨가 많이 배웠다. 정말 고마워!

-죄를 반성하며 아저씨가

나는 글을 읽으면서 수갑을 차고 경찰차에 타던 아저씨가 떠올랐어요.

"아저씨는 어떻게 돼요?"

"재판 결과는 아직 나오지 않았지만 감옥살이는 해야 할 거다. 다행히 아저씨의 딱한 사정이 알려져서 사회복지관에서 아들 수술비를 지원하기로 했단다. 아저씨가 풀려날 때까지 아들도 돌봐주고 말이다."

경찰관의 말을 들으니 마음이 편안해졌어요.

"다행이네요."

엄마가 차를 가져와 자리에 앉으며 말했어요.

경찰관 아저씨가 돌아갔어요. 나는 아저씨에게 받은 편지를 책상 서랍 속에 조심스레 넣어 두었어요.

다음 날, 학교에서는 유괴 예방 수업이 있었어요.

"여러분 낯선 사람이 다가와서 어딘가 따라가자고 하

면 어떻게 해야 하나요?"

담임 선생님이 물었어요. 아이들이 손을 번쩍번쩍 들었어요. 나도 덩달아 손을 들었죠. 담임 선생님과 내 눈

이 딱 마주쳤어요.

"원석이가 발표해 볼까?"

선생님이 내게 눈을 찡긋하며 말했어요. 아이들의 눈길이 모두 나를 향했어요. 나는 자리에서 벌떡 일어났어요.

"낯선 사람은 절대 따라가면 안 돼요. 좁은 길이나 골목길로 다니지 않고 어두울 때는 혼자 외출하지 않아요. 또 학교 수업이 끝나면 엄마랑 꼬박꼬박 전화를 해야 해요."

나는 친구들을 바라보며 또박또박 말했어요.

"여러분 잘 들었죠? 낯선 사람이 부모님 이름을 대며 따라오라고 해도 절대 따라가면 안 돼요."

선생님이 다시 강조하며 유괴 예방 동영상을 보여 줬어요.

동영상 속에서 친절해 보이는 아저씨가 웃으면서 아이에게 과자를 주고 있었어요.

"절대 따라가면 안 돼!"
나는 그 장면을 보고 얼굴을 찡그리며 말했어요.
"맞아. 절대 따라가면 안 돼!"
짝꿍 나연이도 큰 소리로 맞장구를 쳤답니다.

- 작가의 말

   언젠가부터 알림장에 '낯선 사람 조심하기'라는 말을 쓰기 시작했어요. '개 조심'도 아닌 '사람 조심'이라는 말이 참 어색하게 느껴졌지요. 하지만 요즘에는 그 말이 자연스레 느껴질 만큼 주의를 기울여야 될 사람들이 많아졌고, 조심해야 할 일들도 많아진 것 같아요.
   제가 어렸을 때는 어른이 되면 모든 생각과 판단이 완벽할 거라고 생각했어요. 그러니까 선생님들이나 부모님들이 아이들을 혼내면서 올바르게 가르칠 수 있다고 여겼거든요. 그런데 어른이 되면서 살펴보니 모든 어른들이 훌륭한 건 아니라는 생각이 들었어요. 오히려 어린 아이들이 나쁜 어른들보다 훨씬 훌륭한 마음을 지니고 있는 경우도 많이 봤거든요.
   어른들 중에는 어린 아이들을 대상으로 나쁜 동영상을 찍는 사람들도 있고, 음주 운전으로 큰 사고를 내고 나서 도망치는 사람들도 있어요. 심지어 아이의 부모님께 전화를 해서 아이를 납치했다고 말하며 돈을 요구하는 보이스피싱 사건도 있고 말이에요. 하지만 이런 이야기를 듣고 모든 어른들이 나쁘다고 생각하면 안 돼요. 빛과 어둠이 있듯 세상에도 좋은 사람들과 나쁜 사람들이 있는 거니까요.

 단지 요즘처럼 복잡해진 세상에서는 좀 더 주변을 찬찬히 살피면서 위험한 점은 없는지 신중하게 판단할 필요가 있다는 거예요. 아무 생각이나 준비 없이 여행을 떠나면 고생하는 것처럼, 살아가면서 행동하기 전에 여러 번 생각하고 신중하게 판단하는 과정이 필요해요. 그러면 조금은 더 안전하게 살아갈 수 있을 거예요.

 하지만 너무 안전만 생각해서 움츠러들지만은 않길 바랄게요. 때론 용기 있는 도전이 필요한 법이니까요. 이 책에 나오는 원석이가 위기에서 씩씩하게 벗어난 것처럼 말이에요. 여러분 모두 조심하길, 더불어 용기를 잃지 말기를 바라요.

　　　　어린이들이 안전하게 뛰어놀 수 있는
　　　　　세상이 되길 바라며 이초아

꿈터 어린이 문학 38

아저씨 누구세요?

초판 1쇄 펴낸날 2022년 4월 18일

글 이초아   그림 장정오

펴낸이 허경애

편집 박진희   **디자인** 최정현   **마케팅** 정주열

펴낸곳 도서출판 꿈터   **출판등록일** 2004년 6월 16일 제313-2004-000152호

주소 서울시 마포구 양화로 156, 엘지팰리스빌딩 825호

전화번호 02-323-0606   **팩스** 0303-0953-6729

이메일 kkumteo77@naver.com   **블로그** http://blog.naver.com/yewonmedia

인스타 kkumteo

ISBN 979-11-6739-058-5 (73810)

ⓒ 이초아, 장정오 2022
이 책에 실린 글과 그림은 무단 전재 및 무단 복제할 수 없습니다.

어린이제품안전특별법에 의한 제품 표시

제조자명 꿈터 | 제조연월 2022년 4월 | 제조국 대한민국 | 사용연령 8세 이상 어린이 제품
주의사항 종이에 베이거나 긁히지 않도록 조심하세요. 책 모서리가 날카로우니 던지거나 떨어뜨리지 마세요.

* KC 마크는 이 제품이 공통안전기준에 적합하였음을 의미합니다.
* 잘못된 책은 구입하신 서점에서 바꾸어 드립니다.